L'ART

DE FAIRE DES SOCIALISTES,

OU LES

Mystères du Communisme révélés.

> Une mère ayant deux fils, et qui délaisse
> l'un pour porter toute son amitié sur l'autre,
> peut être certaine qu'un jour l'enfant dé-
> laissé embrassera les idées communistes.

Par A. MARCHANT-DUROC.

Prix : 50 Centimes.

BORDEAUX,

TYPOGRAPHIE DE E. MONS, IMPRIMEUR DE LA MAIRIE,
Rue Arnaud-Miqueu, 3.

1849.

L'ART

DE FAIRE DES SOCIALISTES,

ou les

MYSTÈRES DU COMMUNISME RÉVÉLÉS.

§ Iᵉʳ.

Au 24 Février 1848, une révolution s'est faite. — La France a été proclamée république! — Du sein de cette révolution sont sortis avec impétuosité des hommes — chefs et acolytes d'une école *dite* humanitaire. — Ces hommes vivaient auparavant dans l'ombre au milieu de la mère patrie, et, de même que ces plantes qui croissent à l'ombre d'un précipice tuent quand on les touche, ont apporté avec eux des doctrines qui détruiraient entièrement, de fond en comble, la société, si on cherchait à les appliquer.

Or, que sont ces hommes?... D'abominables plagiaires auxquels on ne devrait répondre que par un silencieux mépris, si les masses, qui se méfient toujours de ceux qui veulent et qui ont le plus grand intérêt à vouloir leur bonheur, n'avaient pas l'air de pencher du côté de ceux qui désirent et qui ont un immense in—

térêt à désirer leur perte, pour se faire présentement une position et plus tard un nom dans l'histoire !

Ouvrez le grand livre de la société, — consultez les auteurs anciens, — et vous y verrez, effectivement, que toutes les idées, les doctrines, les systèmes que les socialistes de ce siècle étalent aux yeux du peuple, ont été prêchés, mais n'ont pu être établis en des temps où cela eût été un million de fois plus facile que de nos jours.

Cependant, je me trompe. Pour être vrai, je dois dire que dans tout cet amas de sophismes, d'utopies que j'ai sous les yeux et dans la mémoire, je dois dire, je le répète, que je trouve une idée nouvelle : — La propriété, c'est le vol !... A coup sûr, M. Proudhon peut se vanter de ne l'avoir volée à personne.

Avant la révolution de Février, nous établissions une différence entre les socialistes et les communistes. — Le système des premiers nous paraissait fondé sur quelque apparence de principes raisonnables et humains; celui des seconds n'était, à nos yeux, basé que sur des principes insensés et monstrueux. — Aujourd'hui, nous ne faisons pas la plus légère différence entre ces deux sectes. Pour nous, socialiste est synonyme de communiste. D'où vient cette confusion subite de notre part ? — De ce qu'autrefois les premiers cachaient leur projet sous le voile de la ruse et de la finesse, et que les seconds, francs et audacieux, n'avaient pas pris soin de s'en munir. — Mais, à cette heure, que les socialistes ont — moins la franchise — tout autant d'audace que les communistes, il est facile de voir le but qu'ils se proposent, les sentimens qui les animent.

Ainsi, à notre avis, qu'on arrive par la droite ou par la gauche aux termes d'une chose dont les résultats seraient désastreux, si cette chose n'était avant tout impossible dans son application, le malheur n'en serait pas moins grand, si même on essayait d'arriver à cette chose. Les communistes veulent la communauté des biens, c'est-à-dire, la loi agraire, le partage des terres comme l'entendait ce bon M. Gracchus Babœuf... Les socialistes veulent que l'État s'empare de tout pour le répartir selon ses vues, selon ses désirs. Grand merci à M. Fourrier !... D'un côté la barbarie, de l'autre l'es-clavage ! Reste à savoir si la société — anti-sociale — comme disent ces messieurs — s'y soumettrait. — Je ne le crois pas. Cependant, pour éviter qu'on en vienne aux prises, nous devons tous, et de concert, chercher à éviter le mal qui résulterait d'un conflit où assurément les adeptes de l'école humanitaire ne remporteraient pas la victoire.

Or, sous l'autre gouvernement, les communistes et socialistes étaient au nombre de 120 mille environ, di-visés en différentes phalanges. — On assure que, depuis lors, leur nombre a quadruplé. — J'en demande bien par-don à messieurs les adeptes de messeigneurs Babœuf, Fourrier, Cabet, Owen, Considérant, Pierre Leroux, Proudhon, etc.; mais, s'il en est ainsi, le moment est venu de vous combattre, non à coups de flèches, comme le faisaient, il y a quelques mille ans, *au même sujet,*

Tribuns et Patriciens, mais à coups redoublés de *gros-argumens*, pour lesquels inutile il sera de prendre en tête le morion, afin de les amortir, si vous ripostez, mais seulement de plonger la plume dans le liquide que fabrique M. Guyot ou Roberston. C'est moins expéditif, dira-t-on, mais ce n'en est pas moins humanitaire, surtout quand on est sûr de remporter la victoire !

§ II.

Je commence par le *communisme*. — Je ne veux pas vous tracer le tableau que présenterait une pareille société une fois — je suppose — organisée. — Cela m'entraînerait trop loin ; et puis, je l'ai déjà fait dans une brochure sur les contributions, imprimée à Bordeaux en Juin 1843, ce qui, par parenthèse, me valut de mes amis l'épithète de visionnaire, épithète dont ils se garderaient bien de me gratifier à l'époque où nous sommes, car, malheureusement, cette vision est devenue commune à tous ceux qui veulent voir et juger les choses telles qu'elles sont. — Au reste, ainsi va le monde ; il ne veut jamais être inquiété dans sa marche, dans ses plaisirs, dans son insouciance. L'événement seul le fait réfléchir ; encore l'oublie-t-il une fois accompli, et se fâche-t-il si on lui fait pressentir qu'il peut se renouveler. — Qu'on sache seulement que la misère, la désolation, l'abrutissement, la mort ! seraient les résultats inévitables, positifs, d'une pareille organisation.

Je n'entreprendrai pas non plus de chercher à prouver la sainteté du droit de propriété et le crime dont se rendent coupables, les uns sciemment, les autres bénévolement, les insensés qui l'attaquent ; une plume, auprès de laquelle la mienne est infime, va le faire incessamment dans un écrit qui ira sans aucun doute à la postérité. Mais si je parviens à démontrer *l'impossibilité absolue* d'organiser un pareil état de choses, mon but sera accompli.

Et d'abord, vous tous qu'on éblouit par des promesses mensongères, c'est à vous que cet écrit s'adresse plus particulièrement. — Lisez-le, il est sincère, je vous le jure, et j'espère que les vérités qu'il renferme vous désillusionneront complétement, en même temps qu'elles vous feront abandonner un parti qui se joue de votre vie, des hommes qui passeraient froidement, avec indifférence, sur votre cadavre, pour poursuivre leurs chimériques et stupides projets.

L'estimation des propriétés en terres ou maisons qui se trouvent sur le territoire de France était, d'après la statistique, il y a un an, de 50 milliards de francs environ. — C'est-à-dire, qu'à cette époque, la propriété avait atteint le chiffre que lui donnait soixante années de progrès et de prospérité. — Il y avait en outre 25 milliards en marchandises, récoltes, usines, navires, objets de luxe, usuels, etc. etc. On comptait, enfin, près de cinq milliards de numéraire en circulation. Ces trois sommes réunies font 80 milliards de francs.

Eh bien ! je suppose que le jour du communisme soit arrivé. — La répartition de la *fortune générale* va se faire en égales portions. — Concession immense : —

n'admettons pas que depuis Février, la propriété a perdu un tiers de sa valeur. — Il y a des gens qui se figurent que le crédit, cet incommensurable collectif dont la puissance embrasse et comprend tout dans la société, et qui, cependant n'est qu'une fiction, il y a des gens qui se figurent, disons-nous, que le crédit c'est comme un caillou, qui, parce qu'il pèse aujourd'hui un kilogramme, aura demain le même poids. La propriété valait il y a un an 50 milliards, donc elle doit valoir aujourd'hui le même prix. — Ainsi l'entendent les socialistes ! Répartissons donc cette propriété qui doit nous donner le bonheur, qui doit transformer la terre en Eldorado et métamorphoser les hommes en petits anges du bon Dieu. — Or, 80 milliards à diviser en 35 millions de parts, qui est la population de la France, donneront à chacun de nous 2,285 francs 71 centimes de capital, soit : 1,427 francs 57 centimes en terre ou maison ; 713 francs 78 centimes en marchandises, objets de luxe, etc. etc., et enfin 142 francs 75 centimes en numéraire, pour roulement de fonds.

Voilà donc chaque homme, c'est-à-dire, chaque individu, propriétaire, capitaliste, riche enfin de 2,285 francs 71 centimes, laquelle somme, à 5 p. %, qui est le taux ordinaire en temps de prospérité, donnera à chacun de nous 114 francs 28 centimes ; car les gens dont nous venons de parler ont la ferme croyance qu'un homme, possédant une maison de 100 mille francs, doit indubitablement toucher, bon an mal an, cinq mille francs bien ronds. — Vous ne leur feriez jamais comprendre qu'une maison ne rapporte que tout autant qu'on la loue, qu'un bien ne rapporte que tout autant qu'on le travaille, et l'argent que tout autant qu'on le fait jouer. — Non, pour eux, un million, c'est 50 mille francs de rente. — Mais pour nous, et pour tous gens de bonne foi qui veulent bien se donner la peine de réfléchir, dans le communisme les maisons ne rapporteront plus un centime, puisque tout le monde sera propriétaire et qu'il n'y aura conséquemment plus de locataire. — Les partisans du communisme répondront, avec le phlegme qui les caractérisent, chaque homme aura 114 francs 28 centimes, avec lesquels il vivra très-bien, puisqu'il n'aura aucune dépense à faire. — Il *s'amusera* à cultiver son champ, à faire son pain, ses bottes, ses chapeaux, ses habits, etc..., ou, si on organise le communisme différemment, il n'aura jamais le sou, l'État prélèvera ses revenus, il est vrai, mais, en revanche, il lui fournira les habits, le pain, enfin tout ce qu'il lui sera nécessaire, jusqu'à concurrence de 31 centimes par jour — soit 114 francs 28 centimes par an — objets que fabriqueront des phalanges de tailleurs, cordonniers, chapeliers, boulangers, etc. etc., établies sur tout le territoire de la mère commune.

Très-bien ! admettons toujours que ces 31 centimes par jour tomberont dans la poche de chaque individu comme la manne tombait dans le désert. Mais qu'adviendra-t-il quand la population aura augmenté, ce qui a lieu tous les jours, et ce qui ne manquera pas d'arriver d'une manière bien plus sensible avec le communisme, puisque les communistes se plaignent que, dans l'état actuel de la société, l'ouvrier est tellement malheureux, qu'il se voit forcé de s'abstenir de multiplier ? — Alors ce revenu diminuera d'autant. Ce qui donne à penser que, dans un temps proche de nous, chaque individu aurait 20 ou 25 centimes par jour pour pourvoir à tous ses besoins.

Et encore, qu'adviendra-t-il dans une année de disette, une année où une partie de la récolte aura été ravagée, emportée par quelque fléau de Dieu ? — Il ne faudrait pas compter sur l'étranger, car, le communisme étant l'insouciance, et l'insouciance engendrant la misère, il ne faudrait pas compter, disons-nous, que l'étranger vînt visiter nos ports. Loin de là, il nous fuirait, non pas qu'il craignît la contagion du communisme, il n'y a point de risque, mais par la seule raison que nous n'aurions rien à lui offrir en échange, si ce n'est notre dénûment, notre détresse. Il ne faudrait pas compter non plus sur de la *réserve*, car, dans le communisme, il n'y a pas d'émulation, et, conséquemment, pas de prévoyance, pas de réserve possible. — Qu'est-ce que l'émulation, en effet ? C'est ce sentiment divin de la famille et de la propriété ; c'est cette essence sublime qui inspire, qui donne à l'homme cette noble ambition d'amasser en travaillant une somme pour ses vieux jours, d'acquérir un toit pour lui, sa famille et ses descendans. L'émulation, enfin, *en nous faisant entrevoir un avenir meilleur,* nous fait endurer avec patience les maux de la terre que la Providence a semés sur le chemin de la vie. — Or, dans le communisme, il ne saurait en être ainsi. La famille étant abolie, à quoi bon, se dira ce brave savetier du coin, *m'échiner* pour ce vieux de Montmorency que j'aperçois piochant la terre. — Il ne m'est rien, je ne le connais pas, et il me survivra peut-être, ma foi, non ! Pour gagner 30 centimes par jour, qui me donnent le logement, un peu de pain et un habit de bure, je travaille, selon la loi de la communauté, neuf heures par jour ; pour toute distraction, je prie Dieu en chantant 2 heures, je prends 3 heures de lecture et je dors le reste de la journée, c'est assez comme çà. Et tous les hommes se faisant le même raisonnement, naturel au fond, vienne une année de disette, il faudra mourir avec soumission, ou bien s'entr'égorger, ce que la loi de la communauté défend au nom de la fraternité. Voilà ce qui arrivera indubitablement.

Nous avons avancé que chaque individu aurait en moyenne, et en travaillant pour vivre, 31 centimes par jour. — Ces 31 centimes sont le produit net 5 p. % de la fortune entière de la France, moins les fleuves et les monumens, qui, dans l'état de communisme, seraient de nulle valeur. Aussi ne les avons-nous pas compris. Je défie qu'on me prouve que la journée puisse dépasser ce chiffre ; j'ai la ferme conviction qu'elle ne l'atteindrait pas ; je pourrais prouver au besoin qu'elle n'irait pas à 15 centimes par jour.

Cependant, objectera-t-on, il n'est pas un homme qui, dans l'état actuel de la société, ne puisse pas gagner *six sous* par jour, s'il veut travailler 9 heures. — Tout

le monde a 6 sous par jour pour vivre... Comment se
fait-il, dès-lors, qu'il y en ait qui, dans cette même
société, où vous nous dites que chaque individu n'aurait pas 30 centimes par jour si on *égalisait les fortu-
nes,* comment se fait-il dès-lors qu'il y en ait, disons-nous,
qui ont 25, 50, 200 et même 500 francs à dépenser par
jour. Nous ferons remarquer que ce n'est qu'après un
travail de 20 siècles, et avec l'aide de Dieu, que les
hommes sont parvenus à ériger une société qui procure
précisément de tels bienfaits ou résultats, bienfaits ou
résultats que l'on voudrait détruire pour nous précipiter
dans le cahos ! — C'est parce que dans la société actuelle
une pièce de 1 franc passe dans des milliers de mains
en un jour. C'est parce que les habitations rapportent
non pas 5 p. %, comme nous l'avons accordé, mais bien
3 à 3 ½ p. %. C'est parce qu'il y a un va et vient con-
tinuel de transactions, d'échanges, etc. C'est parce qu'il
y a prévoyance, émulation, rivalité, progrès, art,
science, crédit, confiance de toutes parts. C'est parce
qu'enfin il y a INÉGALITÉ, c'est-à-dire, que vous
êtes pauvre aujourd'hui et que vous pouvez être riche
demain ; de même que le riche peut tomber inopinément
dans la misère. Un négociant, marchand ou industriel
gagne-t-il 10, 15, 20, 50 p. % par an pendant 5
ans, la 6ᵐᵉ. année il fait une affaire qui réduit sa fortune
à zéro. Ce qui le prouve, c'est qu'on ne compte qu'un
millionnaire sur deux cents mille français. En vérité,
en vérité, je vous le dis, il y aura toujours des pauvres
parmi vous.

Ce sont les propres paroles de l'Évangile que nous citons.

D'où nous inférons que ce sont là les effets et les causes qui font que, dans notre société, tout individu peut gagner au minimum 30 centimes par jour en travaillant, bien qu'il y en ait qui gagnent 500 fr.; tandis que, dans le communisme, ces effets et ces causes n'existant plus, il y aurait ÉGALITÉ, égalité de fortune, ou plutot égalité de misère causée par une égale inertie, et c'est ce que Dieu n'a pas voulu.

Passons à la division des terres, des maisons, à la répartition des logemens.

La France compte, d'après le dernier dénombrement, à-peu-près 7 millions d'habitations imposées, ce qui fait supposer que chaque maison serait habitée par une phalange de cinq personnes. — Mais de quel droit me pavanerais-je dans un splendide hôtel des fossés du Chapeau-Rouge ou de la rue de la Paix, tandis qu'un de mes frères serait relégué dans un taudis de la rue Pichadey ou d'une misérable rue du faubourg Saint-Marceau. De quel droit cet ex-sergent de ville aurait-il pour lot une parcelle du Château-Margaux, dont le sol produit des vins délicieux, tandis que ce De Montmort en aurait une dans le limousin, qui ne produirait que des pommes de terre, ou dans les landes, qui ne produirait que des chardons ! De quel droit, enfin, habiteriez-vous le premier étage et moi le second ? Pour *égaliser*, il faudrait donc démolir tout ce qui existe, et reconstruire ensuite des… *chartreuses*. Hélas ! ce dernier mot nous mène naturellement à de tristes réflexions ; c'est qu'en effet il n'y a qu'à la chartreuse de Bordeaux où le communisme soit réellement possible.

Voilà, voilà, peuple, sous leur véritable jour, les folies, les chimères, les utopies qui rappellent les temps barbares dont t'entretiennent, en plein 19me. siècle, des hommes qui font bon marché de ta vie !

Et vous, Monsieur, vous que l'on soupçonne sincère, c'est-à-dire, qui êtes imbu d'une idée passée à l'état chronique chez vous, allez, allez en Icarie. O grand *Mapa* ! (*Mapa* est un mot composé d'une syllabe de *mama* et d'une syllabe de *papa,* ce qui signifie que le grand mapa est à la fois père et mère.) O stupidité d'une fraction de l'espèce humaine ! allez sur les bords du Texas..., nous attendons la 2mo. édition du *Champ d'Asile !*

Ceci posé, que les adeptes du communisme et ceux qui auraient encore envie d'en augmenter le nombre sachent une chose , une chose qui mérite certainement réflexion.

La France compte onze millions de propriétaires — je parle d'après la statistique. — Ces onze millions de propriétaires représentent trente-deux millions d'individus. On en compte trois millions qui ne possèdent *rien.* — Or, les 32 millions qui possèdent ont le plus grand intérêt à ce que le règne du communisme n'arrive pas, car, il n'en est pas un d'entr'eux qui, en travaillant, ne gagne moins de 31 centimes par jour, somme que chacun gagnerait au plus, nous ne saurions trop le répéter, dans le communisme ; et de plus , ils ont la liberté de faire ce que bon leur semble avec l'espoir de gagner un jour davantage. Ce sont donc les trois millions d'individus qui ne possèdent rien , et qui positivement pourraient gagner plus de *six sous* par jour s'ils voulaient s'en donner la peine ; ce sont trois millions d'individus qui auront à lutter, à passer sur le corps de 32 millions d'individus qui certainement s'opposeront à ce qu'on leur enlève leur bien qu'eux ou leurs pères ont gagné à la sueur de leur front. — Encore pensons-nous que grand nombre de ces 3 millions d'individus auront assez d'honneur, assez de grandeur d'âme pour ne point vouloir s'emparer du bien d'autrui. — Ils ne seront donc pas 3 à lutter contre 32 !

Eh bien ! veut-on savoir ce qu'on lit dans l'histoire romaine ? On lit, qu'en ce temps-là, il y avait des hommes entichés des mêmes idées, des mêmes principes que les adeptes de l'école *dite* humanitaire de 1848. Un parti qu'on nommait les Tribuns voulaient la loi agraire, le partage des terres, et un autre parti *moins nombreux*, qu'on appelait les Patriciens, s'y refusait. — Il se basait, pour qu'on ne lui enlevât pas ses biens, non point sur les lois civiles, il n'en existait pas, mais simplement sur les réglemens naturels de l'équité. — Or, il advint que plusieurs combats s'engagèrent ; et les Patriciens, commandés par Appius, remportèrent partout la victoire, défirent, battirent complétement les Tribuns beaucoup plus forts en nombre.

C'est que les Patriciens, combattant pour le bon droit, étaient guidés et soutenus par la Providence : « Le bien d'autrui tu ne prendras, ni retiendras à ton escient » est une loi que Dieu a imposée aux hommes. Qu'en pensent certains socialistes, qui se disent si religieux !

Nous avons essayé de démontrer l'impossibilité absolue d'établir le communisme en France. — Si nous n'avons pas réussi dans nos moyens, nous confessons notre impuissance, mais nous n'en restons pas moins fidèles à nos principes, à notre conviction, à la cause que nous défendons.

Le premier mot du précédent chapitre faisait pressentir que nous réservions un article spécial au socialisme. — C'est qu'en commençant cet écrit nous doutions encore de la parfaite ressemblance des deux doctrines qui, à l'heure où nous écrivons, en apportant la perturbation dans les esprits, font le malheur de la France. — Mais plus nous avancions à l'œuvre, plus nous réfléchissions en traitant le *communisme*, et plus nous reconnaissions son identité avec le socialisme. Arriver à la barbarie par la barbarie, ou arriver à la barbarie par l'esclavage, qu'importe !

Cependant, il ne faut pas croire que nous soyons l'ennemi systématique de toute association. — Loin de là notre pensée. Nous reconnaissons, au contraire, tout le beau, l'idéal, les magnifiques résultats qu'on peut obtenir des associations libres et partielles. Que des hommes s'associent entr'eux pour exploiter une chose; que des corporations d'ouvriers s'associent pour fonder des caisses de secours, des banques de retraite, tout cela est admirable. Au reste, les maîtrises, dont jadis chaque ouvrier faisait partie, après avoir au préalable présenté son *chef-d'œuvre* à la société, n'étaient autre chose. Qu'on rétablisse cette institution sous un autre titre, si l'on veut ; que le gouvernement aide et protège ces associations, rien de mieux ; mais vouloir l'accaparement de tout et l'association forcée... oh ! ce serait le comble de l'infâmie.

Après tout, s'il est encore des hommes qui s'identifient avec les doctrines de ces êtres pour lesquels il semble que Dumarsais ait écrit ces paroles dans son livre sur les préjugés : « Gardons-nous de regarder comme des amis » de la sagesse ces imprudens raisonneurs qui jettent des » doutes sur les *règles immuables* des mœurs ! » S'il en est qui veuillent imiter ces êtres atrabilaires, hypocondriaques, aux mœurs maussades, taciturnes, et qui, par cela même qu'ils n'ont jamais pu vivre au sein de la famille, de la société qu'ils ne comprennent pas, lui ont juré une haine implacable, éternelle, à mort, espèces de misanthropes qui gloutonnent ou se repaissent dans le fond d'une basse-cour avec la même insouciance qu'ils vivent dans le plus beau salon ; s'il en est, disons-nous, qui veuillent imiter ces hommes qui, n'ayant jamais eu de mère, cherchent dans les nuages la signification de ce mot sublime, oh ! pour ceux-là, le socialisme n'est pas chose impossible. Or, s'ils sont pressés de jouir des bienfaits de leur fétiche, comme la grande majorité ne partage pas entièrement leur manière de voir, il faut qu'ils aillent sur les bords du Texas mettre en pratique leurs doctrines, ou qu'ils cherchent à faire le plus de prosélytes possibles dans la nouvelle génération, c'est-à-dire, qu'il faut habituer la future génération à mener une vie d'abnégation... ; il faut que les hommes mangent des harengs-saur avec plus de délices qu'ils mangeraient des ortolans ou des chapous truffés ; qu'ils ne songent plus à aller au cabaret ou au café de Paris ; qu'ils n'aillent plus folâtrer le dimanche à Plaisance ou à la Chaumière ; — qu'ils se contentent, enfin, d'un morceau de pain noir frotté d'une gousse d'ail ou de gras de lard pour nourrir leur corps et de drap de bure pour le couvrir ; alors seulement, il sera possible d'établir sur la terre ce fameux Eden tant vanté par nos utopistes anciens et modernes.

A. MARCHAND-DUROC.